Kokoro

Shailja Chauhan

BookLeaf Publishing
India | USA | UK

Made with ❤ on the BookLeaf Publishing Platform
www.bookleafpub.in
www.bookleafpub.com

For my father

who gave me determination

For my mother

who gave me strength

For my brother

who gives me a voice

For my husband

who is my support

For my daughter; Raisha

who is my everything

For my friends

who give the music in my life.

I love you all.

Acknowledgement

My sincere gratitude to...

Shri Sai Baba, for helping me during the tough times of my life.

BookLeaf Publishing, to give me this opportunity to express myself and come out in a better way.

The strong ladies of my life Mrs. Navneet, Mrs. Lalita, and Mrs. Ranjana to hear me on hard days with non-judgmental support.

Master Sharvil, to fill our lives with joy.

And especially to those friends who decided to be silent spectators when I expected to hear their voices. Your silence and indifference added to my determination to go on. Thanks.

And last but certainly not least YOU, who are holding this book in your hands. Thank you for choosing this book, it means a lot to me.

Preface

I have been waiting for this my entire life. So I can finally express everything I was destined to tell you. And now when the moment is here, I have been struck dumb. I don't know how to start an introduction to a book I've ever dreamt about.

Let's take a deep breath. And here it is.

Hi!

Dear Reader,

These poems are the record of what I felt, how I see the world, what is deep inside and hard to express, what was broken in me, what healed with time, what I faced, and much more. I don't remember when I started my writing journey, maybe in school. Poems always stood by my side when I felt happy, when I felt sad, when I was anxious, angry, surprised, betrayed, disappointed, and whatnot.

Here are a few poems (Hindi and English) to show you the real me. I hope you like it.

Love,

Shailja Chauhan

1. Words

I wish I could say the words,

I want to say.

The words I keep reminding myself of.

The words I kept in my heart for so long.

The words that remind me to be me.

The words that hold me together.

The words never let me down.

The words that brought me when I fell apart.

The words that bring my shine,

The words that keep me fine.

The words that ask me to erase,

The words that hold me in every phase.

The words that keep me closer to me,

The words that came and stayed with me.

I wish I could say the words,

What I want to say

The words that I always pray for.

2. She Knows

She knows yet she stays quiet.

She believes yet she is confused.

She understands yet she becomes ignorant.

She loves unconditionally yet she can't explain.

She is a free soul yet she is entrapped in a cage.

She is fantastic yet she becomes dull.

She is broken inside yet she smiles elegantly outside.

She is whatever she can be yet she chose

What you wanted her to be.

3. Surpass

They say do this, they say do that.

Is that what I really had.

Every time,

Every single fucking time,

I feel it like a crime.

They force so many things on me,

Because that is all they want me to be.

They say life is not an easy task,

Just wait for some time and let me unmask.

Even I don't like cakewalks,

So stop and don't do rubbish talks.

I also want to fly,

Give me a chance and let me try.

EAGLE CAN'T FLY WITH THE CROW.

I just want to go with the flow.

Maybe I will fall,

That definitely walking through the hall.

Maybe I will pass.

And that day I will surpass.

4. Master of life

The only person who can help you, is YOU.

Not he who listens to you at late night.

Not he with whom you share your deepest darkest secret.

And even he with whom you have planned your most favorite fantasies.

‘Cause it's you and only you.

Your parents, cousins, colleagues, friends and so-called lovers

would not come to hold you up tight.

To make you calm on the loudest night.

To make you smile at the worst time.

And to tell you that.

YOU are the strongest person alive who can help you.

Everyone has their own time to shine,

Sun shines early but stars also shine.

If a rose is beautiful then thorns have their own pride.

But in the end, it's only you who can help you,

'Cause you are the master of your life.

5. Dear God

Oh! Dear God what you made me,

Don't you miss the older me?

I wish I could tell her,

That you are the most fantastic girl.

The way you held yourself,

Babe, you are killing the world.

6. Silent Nights

I love the silent hours of the night.

Where the hope sparks and ignites,

When all around you in deep sleep,

And you feel your soul's loudest weep.

When you can meet the chaos of the emptiness,

When you can sit and meditate,

When you can talk to yourself,

And nobody hears you to judge.

I love the silent hours of the night.

When the night falls but you rise,

When you listen and realize.

When you keep flipping the pages of your favorite book,

And tears rolling down your eyes.

When you can feel the warmth of your breath,

When you can sit and feel the depth,

When you can just stay,

And the dawn is far away.

And that's why, I love the silent hours of the night.

7. Shell

The day you feel to be yourself,

Is the day you come out of your shell.

You don't belong to that old shelf,

So come out of your inner cell.

Hop, jump, run and fly,

These all you have to do before you die.

8. Thug

Talk to me with love,

Touch me with your lips,

The way you touch,

The brim of your mug.

Hold me in your arms,

Do not let the air pass,

Hold me so tight,

Like the effect of a drug.

Tell me your secrets,

Unmask yourself,

Come and steal me from me,

Like a thug.

9. I miss you

I miss you

Not just like missing you,

I miss you,

Like we miss the apricity on a cold winter day,

Like we miss the rain on a dry sunny day.

Like we miss a dessert after a good meal,

Like we miss a warm hug after the coldest
fight.

Like we miss the rest after the longest hike,

Like we miss the God after the weirdest mike.

Like we miss being a child,

And I still miss the way you smiled.

10. What you mean to me

If I could ever tell you,

What you mean to me,

I would say—

You are white in colors,

Beautiful and pure,

You are my home,

Where I feel secure.

You are a rose in flowers,

Fragrant full of thorns,

Always listen to me,

And my mourn.

You are spring in seasons,

Colorful and bright,

Full of life,

Who gets my resight.

You are a pen in things,

Helped me to speak,

I expressed harder,

Full of wreak.

You are full of life,

Give me hope,

Hold me tight,

I am on the slope.

No matter how beautiful the moon is,

I am like a sunflower,

who always leans towards my sun.

11. People Pleaser

Before starting my words,

Let me say sorry,

Sorry if I hurt you,

Sorry to let you down,

I am literally sorry to grow and shine.

I have several masks,

Whatever you want,

Just order me but,

Let me wear mine.

I would say what you say,

I would do what you do,

Sorry If I am loud,

Just give me a sign.

I would smile when you say,

I would cry when you tell,

Sorry if I am too soft,

Teach me I won't decline.

Sorry if I am too warm,

I will be cold,

Whatever you say,

Will treat you as a shrine.

Sorry if I hurt you,

Sorry to not listen to you,

Finally...

Sorry to cross the line.

12. If you write

If you write a book about yourself

What would the title be?

Is it courage

Is it perseverance

Is it honesty

Confident

Brave

Disciplined

Faithful

Determined

What would it be

Which set you free.

13. Perhaps

Perhaps we are not meant to be,

Perhaps you come into my life,

Just to set me free,

And made me realize,

what I can be.

Perhaps we are just two parallel lines,

Which go hand in hand,

But never intersect,

Either in the sky or on land.

14. Tired

I am tired...

I am tired of proving myself,

I am tired of being sorry,

Tired of saying itself,

to be the part of your story.

I am tired of walking,

Tired of sitting,

I am just so tired of breathing,

Let me be me I am tired of hearing.

15. Tell me

Tell me I am listening,

Tell me what you feel,

I am listening with no judging,

But first tell me—Did you have your meal?

Tell me when you were sad,

Tell me when you were thrilled,

Tell me the way you were mad,

Tell me even your darkest guilt.

Tell me your high,

Tell me your low,

Don't you feel shy,

Tell me 'cause I know.

I know how it feels,

To spend the nights alone,

I know how it feels,

When someone closer is gone.

Tell me

I am listening...

16. Sorrow

My sorrow is just beneath my heart,

Touching and cursing it hard,

Wish you were here to feel the numb,

And make me believe that I am not dumb.

17. Lonely

I am alone not lonely

You will know after observing closely.

18. Happiness

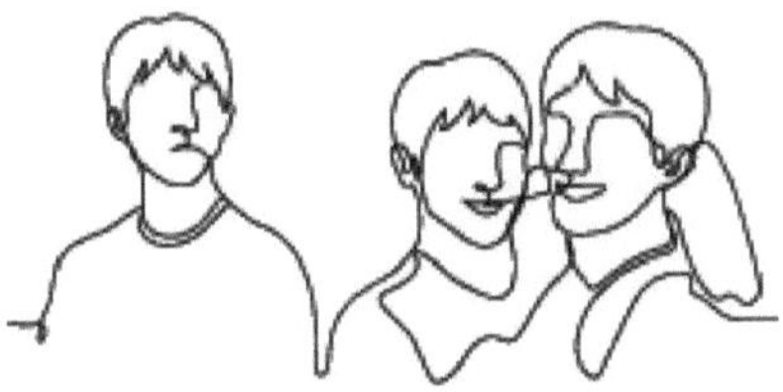

They came and told me

that I am beautiful

I heard them

and felt so cheerful.

They went back

I was happy.

The next day they came again and told me

that I am beautiful, but today not with the
same intensity

I heard them

and felt so cheerful.

They went back

I doubted myself.

The next day they didn't come

to tell me

that I am beautiful

I was anxious,

I doubted myself

Am I beautiful?

Then they never came

I woke up and told myself

that I am beautiful

I heard

and felt so cheerful.

I told

I am beautiful

with or without them.

I am beautiful within,

and now from here, my journey begins.

19. Dear 15-year-old

Dear 15-year-old me,

I wish you all the happiness.

On your way ahead,

You might meet the wrong people,

You might fall into the wrong situations,

But don't you worry,

They all give you some lessons.

The lessons you keep with you,

For your further journey,

Don't you worry,

If they judge you by your actions.

You keep doing what you want,

You keep moving with your jaunt.

You keep

Walking,

Crawling,

Hopping and running

Don't you worry

Just go...

Go at your own pace,

I am right here waiting for you at some different place.

20. I am victorious

Everything is perfect,

But nothing is fine.

Everything is clear,

But nothing seems right.

Everything is calm,

But it's hustle inside.

Everything is dull,

But sparkling inside.

Everything is somber,

But blithe inside.

Everything is lazy,

But so busy inside.

Maybe I am defeated,

But victorious inside.

21. Soulmate

Do soul partners exist?

And if they do.

Then my soulmate would come,

All dressing up in tattoos,

carrying a bottle of wine and will ask me...

"Baby! Let's grow old together

while traveling the world.

Let's touch on all the points

from high mountains

to the lowest beaches together.

Let's have a long talk right in front of the fireplace,

holding each other's arms tightly and caressing each other's face.

Let's walk under the moonlight,

holding hands and forget the fight.

Let's cook

dance

sleep and wake up together.

Let's run away to the most silent place,

where we can only hear the voices of each other's breaths.

Let's wake up with a morning kiss holding each other tight,

And forget about the arguments of last night."

22. Intention

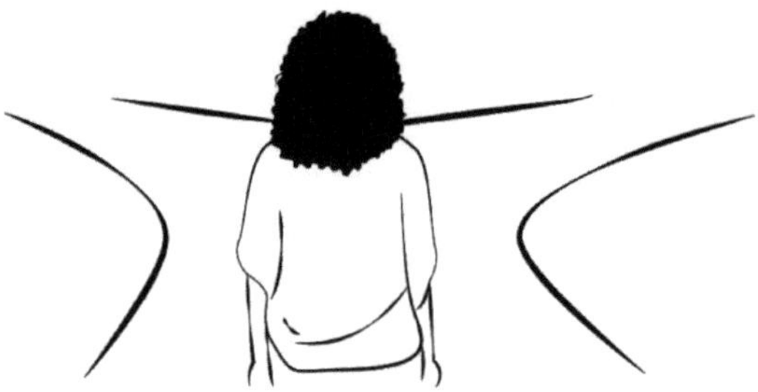

When I first met them,

I didn't know their tongue.

I didn't even feel offended,

Because that was not intended.

That was their way of expressing emotions.

I stayed,

I discerned,

I gathered,

and learned.

I mastered.

And then someday I went

and expressed the way they used to express
themselves,

I talked the way they used to talk to me,

but I don't know why they felt offended.

Was it intended?

23. What if

What if no one reads it

What if they won't find it attractive

What if they won't accept it

What if it came out inactive

What if no one will come to congratulate you

What if they won't trust you

What if they don't understand

The way you spit your heart out

What if they disgrace you?

Will you be proud?

Or will you be in self-doubt?

24. Rather

I would rather choose night over day,

because it gives me a way to think.

I would rather choose thorns over roses,

because they give the pleasure of pain.

I would rather choose black over white

because it hides my scars.

I would rather choose you over me,

because that's how I realize the value of me.

25. I decided

I decided to be silent,

When I wanted to speak.

I decided to stay calm,

When my mind was behaving like a freak.

I decided to wait for you halfway,

When I could've reached the peak.

I decided to keep quiet,

When you hardly listen but all you give is just
a critique.

I decided to keep my heart to myself,

When you were just interested in my
physique.

And finally, I chose to be strong,

When the option was to be weak.

26. Sin

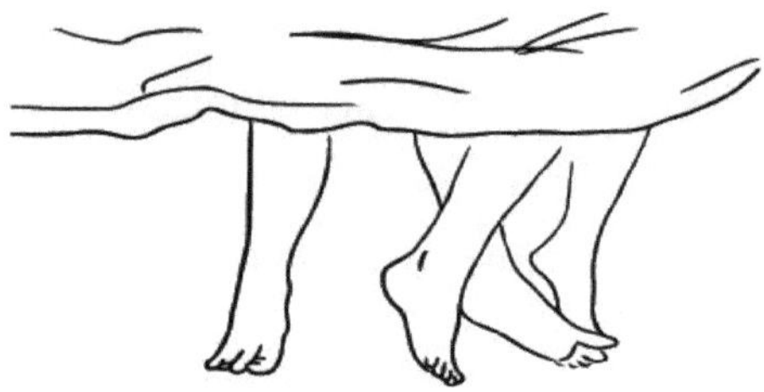

You asked me what I like about you,

I went back to my memory,

And thought, from where should I start?

Should I start with your morning voice?

Or should I tell the way you make me forget my inner noise?

Should I tell you about your scent?

Or should I express how I can feel it every moment?

Should I tell you about the warmth of your hands?

Or should I tell you all my demands?

Should I tell you about your beautiful eyes?

Or should I tell you about my stomach's butterflies?

Should I tell you about your charming grin?

Or should I tell you about my mind's sin?

27. Cheat

You made my heart skip a beat,

And slip the floor underneath my feet.

The way you lied was so neat,

That I couldn't find that you are a cheat.

28. Tough enough

I am tough

I am tough enough

To feel too much and keep on holding it to myself.

I am tough enough

To not tell about my love for the person I love.

I am tough enough

To hide my feelings and keep their feelings above.

And I am tough enough

To forget someone I was in true love.

29. Death

I will love you forever

And with forever I mean

Till the last breath of my life

Till the last part of my body

When they will be setting me on fire.

And it will all change into ashes,

I will be lying there

Just to let you know,

That even death cannot stop my love from growing.

30. Your voice

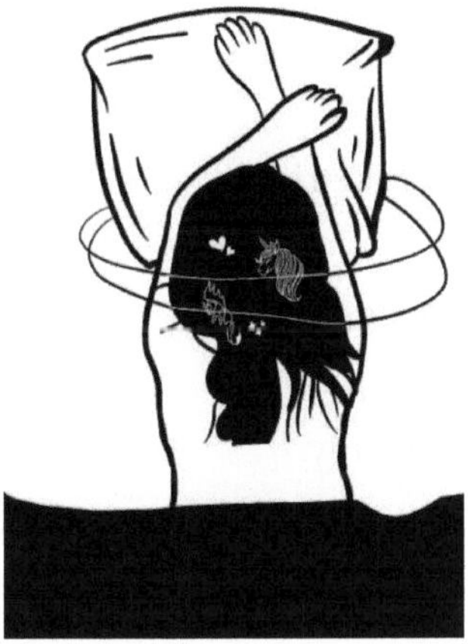

There is something sensuous in your voice

it's still going in my head

the way you call my name,

craving for the same aim.

It shows your thirst,

that brings my love to the crust.

Whatever you say,

wherever you take this,

with zero chances,

I would love to stay.

31. Heart

Days passing and nights rolling,

The words I am holding are choking,

Choking me so hard,

And make my heart break apart.

हिंदी कवितायेँ

भाषा कोई भी हो, महत्व रखती है उसमें पेश की गई भावना।

नए पन्ने से शुरू होंगी

कुछ हिंदी कविताएँ जो मेरे दिल के बहुत करीब हैं।

आशा करती हूँ कि आपको पसंद आएंगी।

32. आईना

के मैं वो आईना हूँ जो तुम्हें तुमसे मिलाता हूँ

तुम अच्छे हो तो अच्छा दिखाता हूँ

तुम बुरे हो तो वो ही बतलाता हूँ

तुम हँसते हो तो मैं भी हंस जाता हूँ

तुम रोते हो तो तुम्हारा पूरा साथ निभाता हूँ

तुम नक़ाब पहन कर आते हो तो मैं भी नकाबपोश
बन जाता हूँ

तुम बेनक़ाब आओ तो मैं तुम्हारे दरमियान
बिखर सा जाता हूँ

के मैं वो आईना हूँ जो तुम्हें तुमसे मिलाता हूँ

तुम चिल्लाओ तो मैं साथ में चिल्लाता हूँ

तुम शांत रुक कर मुझे देखो तो मैं बस देखता ही
रह जाता हूँ

तुम सजकर मेरे सामने आओ तो मैं झूम कर
तुमसा बन जाता हूँ

तुम न भी सजो तो भी मैं तुम्हारा साथ निभाता हूँ

के मैं वो आईना हूँ जो तुम्हें तुमसे मिलाता हूँ

तुम सुबह आओ मैं तुम्हें दिल थाम कर बिठाता हूँ

तुम शाम को थक कर आओ मैं तब भी तुम्हें नहीं

ठुकराता हूँ

तुम रोशनी में आओ या अँधेरे में आओ

मैं बिलकुल तुमसा बन जाता हूँ

के मैं वो आईना हूँ जो तुम्हें तुमसे मिलाता हूँ

अच्छे हो तो अच्छा दिखाता हूँ

बदतमीज़ हो तो वो ही बतलाता हूँ

33. शून्य

मैं शून्य से आरम्भ कर

शून्य पर आ रुकी

इस बीच में जगह-जगह मैं

गिरी और खड़ी हुई।

कई बार मुझे शून्य की नई एक पहचान हुई

और हर बार ही इसमें एक नई ही अनुभूति थी

के किस ओर आखिर मैं यूँ ही बस चली हुई

जाना तो सभी ने आखिर शून्य की तरफ ही।

अंत शून्य अनंत शून्य

सब शून्य से शुरू हुआ

तो क्यों आखिर सब लड़ रहे

और शून्य ही बन रहे।

34. स्वयं

स्वयं से निकल मैंने,

स्वयं को पहचाना है।

घर से निकल ही तो मैंने,

घर की अहमियत को जाना है।

35. प्यार

क्या प्यार कभी ख़त्म होता है,

क्या वो ख़त्म हो जाता है एक इंसान पर,

या वो ख़त्म हो जाता है,

एक लम्हे पर आकर।

या वो कभी ख़त्म

होता ही नहीं,

वो बस थम सा जाता है,

थम सा जाता है

इस आस में के

किसी दिन फिर वही

अजीब सी झनझनाहट,

सरसराहट और गुदगुदी होगी,

जैसी बिलकुल पहली बार हुई थी,

जब प्यार का इज़हार हुआ था,

जब पहली बार आँखें मिली थी,

हाथों में हाथ थामा था,

जब पहली बार गले से लगाया था।

क्या प्यार ख़त्म हो जाता है,

या बस थम सा जाता है?

36. शाम

दिन ढलने के बाद जब शाम होती है,

तो मैं अक्सर सोचती हूँ,

के क्या तुम्हें भी

मेरी याद उसी तरह बैचेन करती है

जैसे मेरे दिन को बर्बाद करती है।

तुम अक्सर मेरे सामने आ जाते हो,

किसी किताब के अल्फ़ाज़ों में ,

किसी चलचित्र के गानों में,

या किसी फिल्म के किरदारों में।

मैं तुम्हें भूलना भी चाहूँ तो भी,

हर्फ़-दर-हर्फ़ ख्यालों में झंजोड़ जाते हो,

मेरे प्रश्न बार-बार कचोटते हैं मुझे,

के क्या तुम भी ढूँढते हो इन हर्फों में मुझे?

और इसी कश्मकश में,

रोज़ सुबह से शाम हो ही जाती है।

37. नदी

मैं एक नदी हूँ,

अकेली बस शांत बहती रहती हूँ।

मुझे न चट्टानें रोक पाई हैं,

और न ही बीहड़ जंगल।

न तुम्हारे पुराने गावं,

और न ही तुम्हारे शहरों के कर्म अमंगल।

शांत हूँ तो वरदान हूँ,

तुम सबके लिए अभिमान हूँ।

मेरी शांति को मेरी कमज़ोरी

समझने की भूल न करना,

क्योंकि अच्छों के लिए आशीष

और पापियों के लिए अभिशाप हूँ।

ख़ुशी तो मेरी बस किनारे तक ही सीमीत है,

लेकिन प्रचंडता मेरी असंयमित महान है।

३8. मर्द

मर्द कभी रोते नहीं,

ये कहने वाले चुप होते नहीं।

मर्द का दर्द सिर्फ मर्द ही जान पाया है,

औरतों ने कहाँ इतना सख्त दिल पाया है।

कहाँ मिली औरतों को ऐसी आज़ादी,

जहां चाह कर भी वो न छोड़ सके नौकरी की गुलामी।

हर सुबह वो अनासक्त सा काम पर जाता है,

फिर वहीं थक कर चकनाचूर रात को

वो आता है।

कहाँ मर्द को वक्त के वो लड़े छोटी-छोटी लड़ाइयां,

उसे भी तो सहनी पड़ेंगी बीवी-बच्चों से जुदाईयाँ।

माना के औरत होना आसान नहीं,

पर क्या मर्द के सीने में भी जान नहीं?

39. फ़र्क

तुम में और सब मे फ़र्क है,

सब देखते हैं मेरे दमन पे लगे दाग

और तुम जान लेते हो उन दागों के पीछे की
कहानियाँ।

40. कुछ न सहना

देखो तुम इतना समझना,

आसान नहीं ये रास्ते तुम्हारे,

न ये ज़िंदगी और न नाते तुम्हारे,

सवाल उठेंगे तुम्हारी काबिलियत पर,

और तुम्हारी शख़्सियत पर,

पर तुम डरना नहीं,

अपने अंदाज़ से बयां करना अपने अल्फ़ाज़,

अपने मिज़ाज से बयां करना अपनी आवाज़।

कोई आए रोके जाए,

पर तुम रुकना नहीं,

किसी के आगे झुकना नहीं,

आएं रिश्ते राह में हज़ार मगर,

तुम रहना अडिग अपने पथ पर,

लाख रोके ये तुम्हें ज़माना,

पर तुम ज़रा भी मत डगमगाना,

इरादे कर बुलंद बस आगे बढ़ते जाना,

और याद रहे..

चुप रह कर कुछ न सहना।

41. ऑंखें

ऑंखें कर देती हैं बयां,

जो दिल में हो!

मुस्कान कुछ भी कहे।

तुम मेरी ख़ुशी में खुश हो,

या हैरान,

तुम्हारी ऑंखें सब बताती हैं।

तुम देख पा रहे हो मेरा दुःख,

या मन ही मन आनंदित हो,

ऑंखें बता ही देती हैं।

शब्दों से प्यार झलका भी दो,

नफ़रत तुम्हारी

आँखें बता देती हैं।

कितना भी इत्र लगा लो,

जलन की महक

आँखों के रस्ते आ ही जाती है।

तुम लाख छुपाना भी चाहो,

पर क्या करें

तुम्हारी ये नादान आँखें सब बता ही देती हैं।

42. स्वीकार

स्वीकार है मुझे,

तुम्हारा किया सब छल।

स्वीकार है मुझे,

तुम्हारा क्रोध इसी पल।

स्वीकार है तुम्हारा सब कुछ

इस कदर, के तुम

खुद स्वीकार न पाओगे अपने किए ये फेर-बदल।

43. किताब

मुझे आज भी याद है मेरी पहली किताब।

जब हाथों में ली तो ऐसा लगा जैसे

वक़्त थम सा गया हो,

थम सा गया तब तक

जब तक मैं हर एक पन्ने को

छू कर

उसके हर एक अल्फ़ाज़ से

रु-ब-रु न हो जाऊँ।

वक़्त जैसे वहीं थम सा गया,

के तुम ख़त्म कर लो इस किताब को

मैं बस यहीं बैठा हूँ

तुम्हारे इंतज़ार में।

उस किताब ने जैसे वशीभूत कर लिया हो,

कुछ इस कदर जकड़ लिया हो,

के मैं खुद ही खुद में खो गई,

जान न पाई के ये किताबी दुनिया है,

कोई असल दुनिया नहीं जिसमें मैं

गुम होती जा रही हूँ जैसे बस में नहीं हूँ मैं।

और फिर जब वो आख़िरी पन्ने का आख़िरी शब्द सामने आया तो,

एक लम्बी सांस के बाद भी उसे अपने हाथों में ही पाया!

उसके लफ़्ज़ों को कई दिन अपने सपनो में,

अपने परिवेश में,

जीता जागता वैसा ही पाया।

मुझे आज भी याद है जब मैंने उसे हाथों में उठाया।

44. दूसरे छोर पर

क्या तुम अभी भी मेरे इंतज़ार में हो?

क्या तुम अभी भी वहीं के वहीं हो?

अगर हो तो मैं तुम्हे याद दिला दूँ के,

मैं निकल आई उन रास्तों से,

छोड़ आई सब रिश्ते,

बहुत दूर

दूसरे छोर पर।

यहां से लौटना मुश्किल है,

यहां सब बहुत हसीन है,

न यहां कोई पाबंदियां है,

न चुनी-चुनाई पुरानी पगडंडियां है,

न कोई सही गलत की परिभाषा है,

और न ही किसी की कोई अभिलाषा है,

अगर है तो सिर्फ खुल कर अपनी भावना को व्यक्त करने का साहस,

और पुराने विचारों को तहस-नहस कर देने का प्रयास।

मैं बहुत दूर निकल आई हूँ,

पर अभी भी तुम्हारे करीब हूँ,

और यहीं,

ठीक यहीं,

कर रही हूँ तुम्हारा इंतज़ार,

आशा है आओगे तुम इस बार।

45. मेरा बचपन

मुझे आम बहुत पसंद है,

और पसंद है

पहली बारिश के बाद मिट्‌टी की ख़ुशबू,

बारिश में भीगना,

कागज़ की कश्ती,

कूलर की हवा,

शाम की धूप,

गर्मी की दोपहर की आइस-क्रीम,

गर्मी की रात में छत पर सोना,

चहचहाते पक्षी,

शाम को देर तक खेलना,

बेख़ौफ़ घूमना,

ठहाके मारकर हँसना,

बुरा लगने पर दिल खोल कर रोना।

पर अब वैसा कुछ भी नहीं।

फिर याद आया, मुझे ये सब नहीं, मेरा बचपन पसंद है।

46. क्या लिखूँ

सोचा चार पक्तियां लिखूँ

फिर सोचा के जब बैठी ही हूँ

तो क्यूँ न हर विचार लिखूँ

सुबह लिखूँ

दिन लिखूँ

शाम और रात भी लिखूँ

अपने हर जज़्बात लिखूँ

क्यूँ न मैं तुम्हें लिखूँ

अपने बारे में लिखूँ

या हमारे हर बिताए पल को लिखूँ

तुम्हारे सच लिखूँ

झूठ लिखूँ

या तुम्हारे फ़रेब लिखूँ

मन में आए हर सवाल को लिखूँ

तुम्हारे बहानों की लम्बी एक सूची लिखूँ

लिखने बैठी तो समय की विडंबना ने जैसे

जकड़ सा लिया हो

अब सोच रही हूँ

आज लिखूँ

या कल लिखूँ

या कुछ दिन बाद लिखूँ

47. अपेक्षा

एक नींद है जो आती नहीं,

एक बेचैनी है जो जाती नहीं।

एक सुबह है जो आती नहीं,

एक रात है जो ख़त्म होती नहीं।

एक वक़्त है बीतता नहीं,

एक लम्हा है जो ठहरता नहीं।

एक अनेकता जो कभी जाती नहीं,

एक एकता है जो कभी आती नहीं।

एक कसूरवार है जो कभी मिलता नहीं,

एक बेकसूर है जो होकर भी रहता नहीं।

एक आकाश है जहां कोई जाना चाहता नहीं,

एक पाताल है जहां से कोई निकलता नहीं।

एक सौम्य है जो दुनिया बनने देती नहीं,

एक उग्र है जो बने बिना काम चलता नहीं।

एक आज़ादी है जो मिलकर भी मिलती है,

एक गुलामी है जो छोड़कर भी छोड़ी जाती नहीं।

एक उपेक्षा है जो की जाती नहीं,

एक अपेक्षा है जो पूरी होती नहीं।

48. दौड़

दिमाग में जैसे कोई दौड़

सी लगी हो शब्दों की,

सब भागना चाहते हैं,

आगे बढ़ना चाहते हैं,

पन्नों पे उतरना चाहते हैं।

पर अक्सर प्रथम वही आते हैं,

जो सही दरवाज़ा चुने,

दिल का दरवाज़ा।

49. करके दिखाना

तुम मेरे मैं तुम्हारा,

कहते-कहते बीता ज़माना।

बहुत हुआ ये कहना कहाना,

हो सके तो करके दिखाना।

50. अक्स

तुम्हारे अक्स को अपने अक्स से

जोड़ने चली थी मैं,

ये भूल गई थी के तुम्हे अँधेरा पसन्द है।

41. गणित की ईक्वेशन

बरसात में भीगे बदन को

सर्द रात में जब तुमने छुआ

ऐसा लगा जैसे किसी ने

सूखे पत्तों में आग लगा दी हो।

लगा जैसे तुम्हारी सरकती उँगलियाँ

एक सर्प सी रेंग रही हो

तुम्हारे अधरों को जब तुमने मेरे अधरों पर रखा

तो जानना थोड़ा मुश्किल था के कौनसा है
किसका

रात भर यहां-वहां पलटने के बाद जब सुबह हुई

तो जाना के गणित के घंटो और सेकंड की
ईक्वेशन भी फेल हुई।

52. मैं सुंनूंगी

मुझमें सुनने की कला है,

तुम कहने वाले तो बनो।

कहो अपने सब दर्द

मैं सुन रही हूँ।

कहो, क्यों रहते हो बुझे-बुझे आजकल

मेरी सुनो तो मत घुटो यूँ पलपल।

तुम कहो अपनी परेशानियां,

मैं सुनूंगी तुम्हारी नादानियाँ।

तुम कहो अपने ख्वाब,

मैं सुनूंगी तुम्हारे सलाब।

तुम कहो अपनी मजबूरियां,

मैं सुनूंगी तुम्हारी मज़बूतियाँ।

तुम कहो अपने अल्फ़ाज़,

मैं सुनूंगी तुम्हारे मिज़ाज।

तुम कहो अपनी हर बात,

मैं सुनूंगी तुम्हारे सब पुराने आघात।

53. वेहम

उन्हें लगता है वो जानते हैं हमें

वेहम का कोई इलाज नहीं।

54. वक़्त

ये घड़ी भर को आना,

और फिर चले जाना।

कहाँ से सीखा तुमने?

या कभी सीखा ही नहीं,

वक़्त के हालातों ने सब सिखा दिया।

आखिर तुम समझ ही गए,

के एक वक़्त के बाद,

वक़्त ही नहीं रहता हमारे साथ।

55. ज़ख्म

ज़ख्म कितना भी हरा हो,

एक वक़्त के बाद भर ही जाता है।

कुछ दिन दर्द अवश्य देता है,

पर नए ज़ख्म के बाद कहीं खो ही जाता है।

56. किताबों के नुकसान

किताबें पढ़ने के फायदे तो बहुत हैं

लेकिन क्या किसी ने

तुम्हें इसके नुकसान से रूबरू करवाया है?

किताबों के नुकसान है कई

जब पढ़ोगे तो जानोगे सही।

ये ले जाएंगी तुम्हें अपनी दुनिया में

जहां सब कुछ है बहुत हसीन।

एक-एक किरदार लाजवाब है,

अपने आप में सब नवाब है।

हर कोई बेनक़ाब है,

और अंत में सब कामयाब हैं।

तेज़ चमकता आफ़ताब है,

और शीतल सा महताब है।

कई हसीन शबाब हैं,

सबके अपने ही रुआब हैं।

आज़ादी की इंक़लाब है,

खून नहीं, तेज़ाब है।

हज़ारों छुपे ख्वाब हैं,

सब के सब नायाब हैं।

और सबसे बड़ा नुकसान

के इस दुनिया में जाना बहुत आसान है,

लेकिन निकलना जैसे मुश्किल बेहिसाब है।

57. फल

मैंने किया है महसूस कांपते हाथों को,

देखा है लोगों को टूटते।

देखा मैंने भी पूरी रात थकी आँखों को,

देखा है दर्द से फूटते।

जब दर्द ज़ुबान का रास्ता न चुन,

आखों का रास्ता चुने।

तब हिम्मत कितनी भी संभाल कर बुन,

वो बहेगी आसुओं के रूप में दोगुने।

कहना बहुत आसान है,

जो महसूस करे वो जाने।

लगता सब ही बेरंग है,

जब सपने टूटे और दिल न माने।

अपना दर्द लोगों को,

लगता भगवान की परीक्षा है।

और दूसरों को मिला जो दर्द हो,

वो लगता उनके कर्मों का फल ही है।

58. चिड़िया

कल खिड़की पे एक चिड़िया आई,

बोली क्यों बैठी है यहां?

आ चल उड़ चलें कहीं।

मैंने कहा अभी वक़्त नहीं है,

काम पड़े हैं कईं,

वो बोली..

काम तो रहेंगे तेरे ज़िंदगी भर वहीं,

तू आकर

उड़कर देख तो सही।

59. अच्छी माँ

क्या बन पाई मैं एक अच्छी माँ?

सिखाने वाली कुछ खास नहीं पर,

मैंने नहीं सिखाया

रंगो में भेद,

गुलाबी लड़की और नीला लड़के का नहीं,

दोनों है रंग लेकिन अलग है मायने सही।

न मैंने सिखाया,

बड़ों का आदर करना,

सिखाया मैंने उनका आदर,

जो न करे कभी तुम्हारा अनादर।

सिखाया मैंने,

नृत्य औरत या पुरुष का नहीं,

नृत्य सबका है तुम जानो तो सही।

त्योहारों में न सिखाया धर्म मैंने,

दिवाली हिन्दुओं का और ईद मुसलमानों का नहीं,

दिवाली रोशनी का और ईद खुशियों का है।

न सिखा पाई,

मैं ऊंच-नीच का पाठ,

सिखाया तो सिर्फ बढ़ाना दोस्ती का हाथ।

और प्रेम में न सिखाई जात,

प्रेम तो इंसान का, भगवान का,

पूरे संसार का है।

न सिखाया मैंने,

किसी भी वर्ण को ऊपर रखना,

सिखाया मैंने,

मानवता को ऊपर रख इंसान को है परखना।

परखना तब तक जब तक न हो विश्वास,

और जब लगे इरादों में

ज़रा भी आघात पहुंचाने की आस

तो काली बन, दुर्गा बन,

इस बार उसे रुला कर ही आना मेरे पास।

६०. सिलसिला

पहली बार बिन बताए ही आ गए,

आख़िरी बार गए बिन बता।

ये आने-जाने का सिलसिला,

क्या यूँ ही चलेगा भला?

61. आजकल

उसने पूछा, "क्या कर रही हो आजकल?"

मैंने कहा, "कुछ नहीं।"

पर उस “कुछ नहीं” के पीछे

मेरा अंतर्मन

चीख-चीख कर कह रहा था

के बताओ उसे,

बताती क्यों नहीं के तुम आज भी वहीं हो

जहां वो छोड़ गया था

आज भी वहीं खड़ी हो

उसी जगह, उसी पल में,

कहाँ से पहुंच पाओगी आजकल में।

62. छिपकली

मुझे छिपकली से बहुत डर लगता है,

जब भी कमरे में आ जाए

तो नींद नहीं आती मुझे

घंटो उसे देखती रहती हूँ इस डर से

के कहीं मुझ पर न गिर जाए।

एक दिन वो छिपकली बोल ही पड़ी

"क्या घूर रही है मुझे

तू सच बता

मुझसे डरती है या अपनी यादों से

जिन्हे घण्टो सोच तू सोती नहीं

जिनसे इस तरह डरती है

के अगर वो गिर गई तुझ पर

तो क्या होगा?

कैसे झटक कर फेंक देगी ज़मीन पे उन्हें

और साफ़ करेगी खुद को

आसपास के सामान को

एक झाड़ू से शायद बाहर भी निकाल दे

इस आस में के फिर न आए वो तुझ तक

पर मैं नहीं, वो है तेरा डर,

जो यहां-वहां से घूम आएगा वापस तेरे ही घर।"

63. सब कुछ

सब कुछ कहाँ मिल

पाया है किसी को

धन है तो

शांति नहीं

मन है तो

क्रांति नहीं

प्रेम है तो

चैन नहीं

प्रेमी है तो

उसके जैसी अगन नहीं

सब कुछ कहाँ मिल

पाया है किसी को?

64. काम

हम धरती पे क्यों आए हैं

बस काम करने

एक के बाद एक काम किए जा रहे हैं

ऐसे जैसे कोई दौड़ हो

कौन कितना काम करेगा

सोच कर के जितना काम

मतलब

ज़्यादा आराम

पर आराम मिला कहाँ है किसी को

ज़्यादा काम

बढ़ता हुआ काम

और ज़्यादा काम

और फिर एक दिन

अंत में चले जाते हैं

ढूँढते हुए

आराम ही आराम।

65. अपनी गली

मैं निकली घर से

सोच कर

के जाउंगी

ऊँचे शिखर पर

जाउंगी एवेरेस्ट

चाँद

अंतरिक्ष

और मंगल पर

पर जब निकली अपनी गली से

तो एक आवारा लड़के ने याद दिलाया

के इतने ख्वाब न बुन

तू दिखा तो इस गली से निकल कर

मेरी गंदी नज़रें

ही काफ़ी हैं तुझे यूँ ही नंगा कर

तेरी हड्डियों को छलनी कर

तुझे बैठा देंगी तेरे घर।

66. कहानी

आओ तुम्हें एक कहानी सुनाऊँ

कहानी थोड़ी लम्बी है

सुन सको तो रहना यहीं

बीच में उठ न जाना कहीं।

कहानी के हैं पात्र कई

सबके अपने ही रंग-ढंग,

ध्यान ले जाओ एक लड़की पे,

जिसका मन जैसे जल तरंग।

बहती खुली जल धरा सी,

झरना बन नदी बन,

पर उसे समाज ने बांधा,

जैसे हो एक बांध बंद।

समय-समय पर खोला करते,

उसका पानी काम को,

जब बोली वो थोड़ा ज़्यादा,

तो कर देते दरवाज़ा बंद।

इतने वर्षों सहती रही।

फिर कहानी के एक और पात्र

वर्षण ने उसका साथ दिया

भरी पड़ी थी वो जो अंदर

दरवाज़ा तोड़ सब पार हुआ

अब न बनी झरना, नदी

अब बनी बाढ़ वो

जंगल, बस्ती उजाड़ दिए

बोली अब जहां चाहो वहां छुपो।

67. पापा

मैंने देखे सपने,

उनको पूरा करना सिखाया आपने।

बात मन में थी,

उसको सलीके से बोलना सिखाया आपने।

मैं दुविधा में थी,

बाहर निकाला आपने।

परीक्षा मेरी थी,

दौड़ लगाया आपने।

रोती जब भी थी,

हंसाया आपने।

चलना,

दौड़ना,

उड़ना सिखाया आपने।

मैं जानती कुछ भी नहीं थी,

हाथ थाम सब करवाया पापा आपने।

६८. मच्छर

दिमाग सुन्न,

ऑंखें नम,

और भारी सन्नाटा है,

लगता है इस इश्क़ नाम के मच्छर ने,

तुम्हें भी काटा है।

६९. है कौन?

तुम्हारा बखान मैंने कुछ

इस कदर अपनी कविताओं में कर दिया है

पढ़ने वाला भी सोचता होगा

के आखिर है कौन?

Printed by Libri Plureos GmbH in Hamburg, Germany

9 789363 303287